Artistes | numéro 25

CLAUDE MONET
ET L'IMPRESSIONNISME

— Au milieu des champs
et au bord de l'eau

par Marion Hallet

50MINUTES

Avec la collaboration de Corinne Durand

CLAUDE MONET

- **Naissance ?** Né le 14 novembre 1840 à Paris.
- **Mort ?** Décédé le 5 décembre 1926 à Giverny.
- **Contexte ?** La peinture impressionniste, à contre-courant des principes de l'Académie des beaux-arts, dans la France du Second Empire et de la Troisième République.
- **Œuvres majeures ?**
  - *La Grenouillère* (1869)
  - *Impression, Soleil levant* (1872-1873)
  - *Les Coquelicots* (1873)
  - *La Promenade* ou *La Femme à l'ombrelle* (1875)
  - *La Gare Saint-Lazare* (1877)
  - *Mer agitée à Étretat* (1883)
  - La série des *Cathédrales de Rouen* (1892-1894)
  - La série des *Nymphéas* (1914-1926)

Artiste prolifique considéré, à juste titre, comme le chef de file de l'impressionnisme, Claude Monet est un personnage incontournable de l'histoire de l'art. Tout le monde connaît, dans une certaine mesure, son œuvre, immensément célèbre et présente aux quatre coins de la planète. Mais certains aspects de la carrière de Monet, notamment ses inspirations et ses désirs en termes d'aboutissement pictural, sont moins familiers du public.

Ses influences sont éclectiques et passionnantes : l'art japonais, notamment, occupe une place importante dans son œuvre. Amoureux de la nature, de la mer et des jardins, Monet révolutionne la manière de peindre de son époque en plaçant son chevalet au milieu des champs et au bord de l'eau, s'intéressant principalement aux changements atmosphériques et aux variations de lumière. C'est avant tout un artiste de l'instant qui tente de capturer la lumière au moment où celle-ci change notre perception de ce qu'elle illumine. Il ouvre la voie à de nombreux artistes qui pousseront ses réflexions encore plus loin, jusqu'à l'abstraction.

Si les peintures de Monet invitent à prendre la route, lui-même ayant beaucoup voyagé, sa vie et son œuvre permettent aussi d'aborder des questions plus terre-à-terre, comme celle de la dure réalité du marché de l'art au XIXe siècle, régi avant tout par le jury du Salon, par les marchands et par les collectionneurs. Ainsi, bien que la renommée de Monet ne soit aujourd'hui plus à faire, de son vivant, sa situation financière reste longtemps précaire. C'est que l'art, tout comme la politique, est à cette époque à une période charnière, cheminant résolument vers la modernité.

CONTEXTE

UN SIÈCLE MOUVEMENTÉ

La deuxième moitié du XIXe siècle est marquée par les consé-
quences de la révolution industrielle, arrivée d'Angleterre à la
fin du siècle précédent, qui signe l'avènement de la modernité.
Dès 1848, l'Europe est traversée par des mouvements républicains
et sociaux qui voient les classes populaires réclamer davantage de
droits – il s'agit du « Printemps des peuples ». Mais les révoltes
sont rapidement matées par les conservateurs et, en France,
la Deuxième République (1848-1852) disparaît au profit du Second
Empire (1852-1870), un régime dictatorial mené par Louis-Napoléon
Bonaparte (1808-1873), sacré empereur sous le nom de Napoléon III.
Suite à la défaite de la France lors de la guerre franco-prussienne
de 1870, on instaure la Troisième République (1870-1940), qui est
brièvement interrompue par la Commune de Paris (18 mars-28 mai
1871), une insurrection populaire violemment réprimée.

La période allant de la guerre franco-prussienne à l'année 1914 se
caractérise par l'absence de conflit armé en Europe, ce qui est tout à
la faveur de l'économie. La France connaît ainsi une seconde révolution industrielle et s'inscrit dans une pensée positiviste – défendant
le primat de la science – qui véhicule confiance et espoir dans le déve-
loppement des techniques et les progrès économiques et sociaux.
La culture de la Troisième République se revendique par ailleurs du
libéralisme : la France de la Belle Époque favorise les libertés de
penser, d'expression et d'entreprendre. C'est une période synonyme
d'incroyables richesses artistiques, d'inventions et de progrès techniques en tout genre qui facilitent le mode de vie des populations,
et plus particulièrement de la classe moyenne bourgeoise. En effet,

les conditions de vie et de travail de la classe ouvrière sont toujours aussi misérables et, même si les inégalités sociales sont dénoncées, il y a encore un immense chemin à parcourir.

LE RÉALISME *VERSUS* L'ACADÉMISME

Quant aux arts, depuis la Renaissance, il s'agit, tout en idéalisant les sujets, d'imiter le réel selon des techniques de représentation réalistes, basées sur la perspective linéaire, la géométrie et l'anatomie, et de renouer avec les modèles de l'Antiquité classique. Mais, vers 1850, certains artistes rompent avec ces codes de représentation stéréotypés qui brident toute créativité, inaugurant de nouvelles voies en histoire de l'art : le réalisme et l'impressionnisme, qui amorcent les débuts de l'art moderne. Ce qui importe dorénavant, ce n'est pas ce qui est représenté, mais la manière de le représenter.

LE RÉALISME

Le réalisme s'inscrit dans un projet politique et social qui défend les classes modestes, ouvrières et défavorisées. Le chef de file de la peinture réaliste est Gustave Courbet (1819-1877), le maître à penser de Monet, qui entend peindre uniquement ce qu'il voit, rejetant toute idéalisation. Sous son impulsion, l'art s'ancre dorénavant dans l'ici et le maintenant. *Un enterrement à Ornans* (1849-1850), de Courbet, est sans doute la première grande œuvre réaliste : elle crée le scandale en représentant la vie paysanne dans un tableau de grande dimension, un format jusque-là réservéaux sujets historiques. Mais le réalisme ne se rencontre pas qu'en peinture : en littérature, notamment, Gustave Flaubert (1821-1880) ou encore Émile Zola (1840-1902) développent le roman réaliste et naturaliste.

Dès 1850, parallèlement au réalisme et en réaction à celui-ci, le style académique se réaffirme. Si le réalisme est l'art du peuple, l'académisme est celui de la bourgeoisie et du pouvoir impérial. Refusant le caractère populaire, il recherche le luxe et l'opulence. C'est un art conventionnel, régi par des règles strictes dictées par l'Académie des beaux-arts : il maintient rigoureusement la tradition artistique héritée de la Renaissance, et instaure une hiérarchie des genres privilégiant les sujets historiques ou mythologiques. Seuls les artistes s'inscrivant dans cette tradition voient leurs œuvres exposées au Salon, l'exposition officielle de l'Académie.

L'essor des galeries d'art privées est d'une grande importance dans l'épanouissement de l'impressionnisme puisque la majorité des premières œuvres impressionnistes, en rupture avec l'art académique, sont refusées au Salon. Les galeries permettent également de développer le marché de l'art et le goût des collectionneurs en quête d'audace. Par ailleurs, à la fin du XIXe siècle, en opposition à l'institution, qui refuse de plus en plus d'artistes, les impressionnistes organisent leurs propres expositions, inspirés par l'audace de Courbet qui, le premier, a exposé ses œuvres en marge du Salon.

PARIS, LA CAPITALE DES ARTS

À la fin du XIXe siècle, Paris est la capitale de la mode et du luxe « à la française », le symbole d'une culture artistique, intellectuelle et littéraire intense, raffinée, fantaisiste, insouciante et novatrice. Celle-ci brille à l'échelle internationale et fait de la capitale parisienne, de ses célèbres boulevards, galeries d'art, cafés et cabarets, le centre névralgique des arts. En témoigne notamment le succès des expositions universelles de 1889 et de 1900.

LA RÉVOLUTION IMPRESSIONNISTE

Dès le milieu du XIXe siècle, des artistes d'avant-garde se rassemblent et revendiquent une nouvelle manière de peindre dictée par la lumière et la sensation. Ce faisant, ils donnent naissance à l'impressionnisme, un nom qui leur est attribué suite à une boutade du journaliste Louis Leroy (1812-1885) à propos de la toile *Impression, Soleil levant* (1872-1873) de Monet, dans son compte-rendu de la première exposition du groupe pour *Le Charivari*, en 1874. Les artistes impressionnistes, dont les plus grands représentants sont, outre Monet, Camille Pissarro (1830-1903), Alfred Sisley (1839-1903) et Pierre-Auguste Renoir (1841-1919), s'inscrivent dans la lignée réaliste de Gustave Courbet et d'Édouard Manet (1832-1883), tout en développant un art plus personnel.

Il est important de noter que chaque artiste interprète les thématiques et les techniques de l'impressionnisme en fonction de son individualité et que le label désigne donc des personnalités parfois très différentes les unes des autres. Ainsi, il est plus juste de parler de « période impressionniste » chez certains artistes, par exemple Paul Cézanne (1839-1906), Paul Gauguin (1848-1903), Vincent Van Gogh (1853-1890) ou Henri de Toulouse-Lautrec (1864-1901), que de les qualifier de peintres impressionnistes. Ainsi, si Sisley, Monet et Renoir créent des œuvres impressionnistes tout au long de leur carrière, le groupe tend à se disperser et leurs collègues explorent d'autres voies.

L'AUDACE D'ÉDOUARD MANET

Édouard Manet est sans doute le premier à revendiquer le principe selon lequel la manière de peindre est plus importante que le sujet, et à affirmer la primauté de la sensation sur le rendu exact de la nature. L'audace et la modernité de son célèbre *Déjeuner sur l'herbe* (1863) font l'effet d'une véritable bombe lorsque le tableau est proposé au Salon de Paris en 1863. La toile est finalement exposée au Salon des Refusés, créé la même année, où elle ne suscite pas moins la controverse.

Les artistes impressionnistes se caractérisent avant tout par leurs recherches sur la lumière et la couleur : les effets de perspective et les lignes du dessin disparaissent au profit des jeux de lumière et des touches de couleur. Ils peignent par petites touches morcelées, une technique mise au point dans le but de mieux traduire l'intensité lumineuse du plein air. En effet, les impressionnistes délaissent leur atelier pour aller peindre à l'extérieur, sur le motif – une démarche rendue possible grâce à l'invention récente des tubes de peinture par Lefranc. Enfin, les impressionnistes s'éloignent de la représentation stricte du réel – dorénavant l'apanage de la photographie – et mettent en avant leur subjectivité, peignant moins les choses réelles que les impressions que celles-ci suscitent en eux. Ils puisent leurs sujets dans la vie contemporaine et dans la nature, apportant une attention particulière au paysage.

MONET ET SES MAÎTRES

Claude Monet naît à Paris le 14 novembre 1840, mais c'est au Havre, en Normandie, qu'il grandit quand ses parents s'installent dans la maison de la sœur du père de Monet, en 1845. Le garçon développe très tôt une passion pour le dessin, enseigné au collège du Havre par François-Charles Ochard (1800-1870). Amateur de caricatures, il croque en plein air la vie du port. En 1858, le jeune homme rencontre Eugène Boudin (1824-1898), connu pour ses paysages et ses marines de la baie d'Honfleur et qui expose chez un commerçant du Havre. Celui-ci est le premier maître de Monet : il lui apprend l'art de la peinture en extérieur, où la nature est le modèle, et lui conseille de partir pour Paris.

C'est ce qu'il fait, contre l'avis de sa famille, à l'âge de 19 ans, en 1859. Dès son arrivée dans la capitale, où il bénéficiera de l'aide financière de sa tante, sa première admiratrice, Monet devient un assidu du Salon, où il découvre les œuvres de Charles-François Daubigny (1817-1878), peintre de l'école de Barbizon, et d'Eugène Delacroix (1798-1863), chef de file du romantisme. Le peintre Jean-Baptiste Camille Corot (1796-1875), classique par sa sobriété, romantique par le lyrisme de ses paysages et réaliste par la véracité de sa vision, est également une importante source d'inspiration pour Monet et, de manière générale, pour tous les impressionnistes.

En 1860, le jeune homme entre à l'Académie Suisse, où il rencontre Camille Pissarro. Si Monet est conscrit par l'armée française et part pour l'Algérie l'année suivante, cet épisode est toutefois de courte durée : sa tante paie l'exonération et, en 1862, le peintre est déjà de retour à Paris, où il intègre le studio de Charles Gleyre (1806-1874), qui lui apprend les bases de la peinture académique. Il y rencontre aussi Alfred Sisley, Pierre-Auguste Renoir et Frédéric Bazille (1841-1870), qui devient son grand ami. Dès l'arrivée des beaux jours, Monet peint en compagnie de ses camarades, à Honfleur ou à Barbizon. À cette époque, il a d'importants problèmes financiers et Bazille lui vient souvent en aide.

L'HEURE DES SOUCIS FINANCIERS ET DES VOYAGES

En 1866, Monet rencontre Camille Doncieux, qui devient son modèle. Au même moment, plusieurs de ses œuvres sont refusées au Salon et les amants vivent dans la pauvreté. Ils se marient en 1870, un peu avant le début de la guerre franco-prussienne, au cours de laquelle Monet perd Bazille. Refusant de servir sous les drapeaux, le peintre part pour Londres. Là, il rencontre le marchand d'art et galeriste français Paul Durand-Ruel (1831-1922), et découvre des paysages et des marines qui le marquent profondément par leurs effets de lumière, notamment de William Turner (1775-1851), de John Constable (1776-1837) et de celui qui devient son ami, James Abbott McNeill Whistler (1834-1903). Durand-Ruel joue un rôle capital dans l'histoire de l'art français de la seconde moitié du xixe siècle et dans la carrière de Monet en particulier : il aurait en effet acheté et revendu près de 12 000 œuvres, dont plus de 1000 peintes par Monet.

Après avoir passé quelque temps aux Pays-Bas, Monet rentre à Paris en mai 1871. Il installe sa famille à Argenteuil, où ils vivent sept ans. Suivant l'exemple de Daubigny, l'artiste aménage également un atelier de fortune sur un petit bateau, ce qui lui permet d'obtenir des vues inédites. L'année 1874 est une date-clé : la première exposition des artistes refusés du Salon a lieu dans l'atelier du photographe Nadar (Gaspard-Félix Tournachon, 1820-1910), et ceux-ci reçoivent le nom d'« impressionnistes ».

En 1876, Monet rencontre Ernest Hoschedé (1837-1891) et son épouse, Alice. Celui-ci devient pour un temps le mécène de Monet, avant de perdre tout son argent. Entre temps, les deux familles emménagent ensemble à Vétheuil, dans le Val-d'Oise. Monet peint beaucoup la Seine et la côte normande, qu'il visite régulièrement. Lorsque Camille meurt en 1879, Ernest Hoschedé étant souvent sur les routes, Monet reste à Vétheuil avec Alice et leurs enfants respectifs – une situation familiale alors scandaleuse. Lorsque le peintre déménage à Poissy, Alice le suit, confirmant ainsi les rumeurs.

LA RECONNAISSANCE ET L'INSTALLATION À GIVERNY

Monet participe à sa dernière exposition impressionniste, la septième, en 1882, et l'année suivante, Durand-Ruel organise une exposition de ses toiles : les ventes sont décevantes, mais les critiques assez bonnes. À la même époque, il se lie d'amitié avec Octave Mirbeau (1848-1917), un écrivain et critique d'art qui écrit le plus grand bien de lui, contribuant ainsi à sa renommée. Grâce à Durand-Ruel, qui monte la première exposition des impressionnistes à New York en 1886, les toiles de Monet rencontrent un certain succès en Amérique, ce qui n'est pas sans conséquence sur le marché de l'art en France, où les impressionnistes se vendent de mieux en mieux à partir de 1890.

Entre temps, Monet continue de peindre ses voyages (Belle-Île-en-Mer, la côte d'Azur, la Normandie, la Creuse, etc.) et, dès 1890, commence ses célèbres séries, obnubilé par la répétition d'un même motif avec les *Meules*. Suivent les *Peupliers* (1891), les *Cathédrales de Rouen* (1892-1894) et les célèbres *Nymphéas*, qu'il peint déjà en 1895, mais de manière plus systématique, en série, à partir de 1914. Ces fameux nymphéas représentent les bassins d'eau des jardins attenants à la maison de l'artiste à Giverny, en Haute-Normandie, où Monet s'est définitivement installé avec sa nombreuse famille (Alice, qu'il épouse en 1882, et les enfants de celle-ci) au printemps 1883. L'artiste se plaît beaucoup à Giverny et son besoin de voyager s'atténue. Il se rend néanmoins plusieurs fois à Londres entre 1899 et 1901, pour rendre visite à son fils Michel, et y peint une série de vues de la Tamise et du Parlement. L'exposition de 1904, qui rassemble ces toiles, est un triomphe. Monet visite également Oslo en 1895, Madrid en 1904 et Venise en 1908. Certaines de ses œuvres sont présentes, en compagnie d'autres toiles impressionnistes, à l'exposition universelle de Paris en 1900, preuve que ces artistes sont enfin reconnus. Quant à la première exposition publique des *Nymphéas*, elle s'ouvre chez Durand-Ruel au printemps 1909 : c'est un véritable succès.

Si la carrière de Monet est alors à son apogée et qu'il connaît enfin la fortune, sa vie personnelle s'étiole peu à peu : son précieux jardin est en partie saccagé par des inondations en 1910, Alice meurt en 1911, on lui diagnostique une cataracte aux deux yeux en 1912 et il perd son fils Jean en 1914. Étonnamment, c'est à l'aube de la Première Guerre mondiale que Monet retrouve goût au travail avec un grand projet qui l'accapare jusqu'à la fin de sa vie : les *Grandes Décorations*. Ses toiles de cette période sont particulièrement intéressantes et, même si Monet croule désormais sous les éloges, il parvient encore à choquer en proposant plusieurs déclinaisons du pont japonais de son jardin. Celles-ci vibrent d'une touche et d'une lumière incomparables, fondant tous les éléments (arbres, plantes, herbe, eau, pont, ciel) dans une explosion nerveuse de couleurs confinant à l'abstraction.

Monet contracte une infection pulmonaire qui a raison de lui en décembre 1926, mais en réalité, il meurt surtout d'épuisement.

- 16 -

LE SAVIEZ-VOUS ?

Au début du XXe siècle, Monet travaille avec des calligraphes et des peintres orientaux qui viennent lui rendre visite à Giverny. Il apprend des techniques de pinceau qui lui permettent de sentir autrement la représentation de la nature, en étant attentif à la respiration, par exemple. Ses *Nymphéas* sont épurés et leurs reflets très doux, à l'image de la peinture chinoise.

CARACTÉRISTIQUES

PEINDRE LA LUMIÈRE

Monet veut avant tout peindre la lumière et ses mouvements, une ambition à la fois simple et compliquée à saisir. Pour représenter au mieux les effets de lumière, il peint en extérieur. Aux yeux du peintre, la première impression au contact du motif est essentielle et constitue la base de chacune de ses compositions. Il commence par appliquer, sur toute sa toile, de grandes étendues colorées en fonction des tons de la scène à laquelle il assiste et dont il ébauche ainsi l'allure générale. À ce stade, les couleurs ne sont pas encore mélangées : il les applique crues, en traits épais. Ce n'est qu'après qu'il ajoute les détails et que les contours des figures et/ou du motif sont davantage définis. Monet est extrêmement perfectionniste : il peut faire durer la finition d'une œuvre très longtemps, y ajoutant des détails et la modifiant sans cesse jusqu'à ce qu'il en soit pleinement satisfait.

Avec ses séries, Monet pousse encore plus loin sa quête de la représentation de la lumière. Il en peint les effets changeants en fonction des heures, des jours et des saisons, et travaille sur plusieurs toiles en même temps afin de les comparer et de bien saisir la moindre variation lumineuse. Son ambition, lorsqu'il peint une série, n'est pas de mettre en avant le motif : en réalité, de dernier n'est qu'un prétexte pour saisir les effets de la lumière. En le répétant, Monet cherche à montrer l'évolution de son sujet davantage que le sujet en lui-même.

L'impressionnisme porte en lui un paradoxe : d'une part, il est l'aboutissement du réalisme puisque l'œuvre représente un moment précis de la lumière, mais il est aussi la dématérialisation du réel, car la touche et la couleur prennent le pas sur la fidélité à la réalité.

L'INFLUENCE DU JAPONISME

Les artistes impressionnistes, Monet en tête, sont profondément touchés par l'art japonais, notamment en ce qui concerne la couleur, la composition et la perspective. On ignore la date exacte à laquelle Monet entre en contact avec l'art japonais, mais le peintre possède une grande collection d'estampes débutée en 1870 et conservée dans sa maison de Giverny. Il y fait même construire un véritable pont japonais qui inspirera bon nombre de ses créations, notamment les *Grandes Décorations*.

Les estampes japonaises que possède Monet sont signées Kitagawa Utamaro (1753-1806), Katsushika Hokusai (1760-1849), Utagawa Toyokuni (1769-1825) et Utagawa Hiroshige (1797-1858), des maîtres auxquels il voue passion et respect. Sa collection se compose surtout d'estampes représentant des courtisanes et des paysages reflétant un grand intérêt pour la couleur et l'épuration graphique, deux caractéristiques majeures de l'art de Monet.

Du japonisme, l'artiste retient en outre l'exotisme et les accessoires japonisants, comme on peut le voir dans sa toile *La Japonaise* (1876), ainsi que la recherche de communion avec la nature. Plus tard, il emprunte à l'art japonais ses compositions : cadrages inédits et points de vue plongeants qui invitent le spectateur à entrer dans l'œuvre, comme c'est le cas dans sa toile intitulée *Jeunes Filles en barque* (1887). Quant au principe du travail en série, il lui est également inspiré de l'art nippon : on le retrouve notamment chez Hokusai dans ses *Trente-six vues du mont Fuji* (1831-1833), qui saisissent le volcan sous de multiples points de vue et effets de lumière. Enfin, l'art japonais offre aussi à Monet un important apport iconographique. Celui-ci apprécie particulièrement le motif du rocher en mer, que l'on retrouve beaucoup dans les estampes japonaises et dont il peint de nombreuses variantes. Le pont est également un élément récurrent dans les toiles de Monet : il s'agit même davantage que d'un clin d'œil à l'art nippon car le pont lui permet de structurer ses compositions et les variations lumineuses qui font son style.

DES ŒUVRES DÉMEMBRÉES

Bon nombre de diptyques et de triptyques japonais arrivent en Occident démembrés, et les différentes parties, qui normalement se complètent, sont vendues séparément. Les Européens découvrent donc dans les estampes japonaises des points de vue et des cadrages inédits qui ne correspondent en réalité pas du tout aux œuvres d'origine. Ces erreurs, rectifiées par la suite, ont cependant l'avantage de permettre aux peintres impressionnistes d'innover dans leurs compositions. Par exemple, dans sa toile *Jeunes filles en barque* (1887), Monet représente la barque coupée par le cadrage, à l'instar d'un triptyque de Toyokuni dont il ne possède qu'une partie.

LA GRENOUILLÈRE

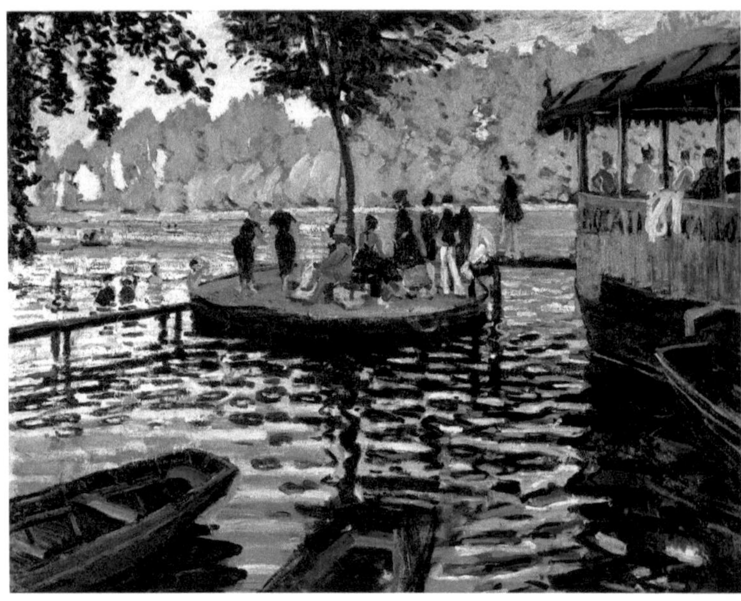

La Grenouillère, 1869, huile sur toile, 74,6 x 99,7 cm, New York, The Metropolitan Museum of Art.

À l'époque où il peint cette œuvre, Monet et Renoir habitent dans un petit village près de Bougival, à l'est de Paris, à deux pas du restaurant du bord de Seine *La Grenouillère*, un établissement fort apprécié des nageurs et des canotiers de la petite bourgeoisie. Les deux artistes le peignent plusieurs fois, parfois même côte à côte. À l'été 1869, Renoir peint une toile similaire, conservée au Nationalmuseum de Stockholm et qu'il nomme également *La Grenouillère*.

Le tableau de Monet, plus sombre que ses futures œuvres aux tons résolument clairs, représente le restaurant établi sur la Seine et constitué d'un îlot (surnommé le « Pot à fleurs » ou « Camembert ») au milieu de l'eau, relié à un ponton par de minces planches de bois, le tout ayant été conçu de cette façon afin de faire tomber les convives dans l'eau. L'eau et le ciel reflété dans ce miroir mouvant occupent la majeure partie de la toile. Leur présence permet à Monet de juxtaposer des coups de pinceau réguliers et irréguliers de différentes couleurs.

L'eau et ses reflets sont l'un des thèmes de prédilection de Monet et des autres impressionnistes. Monet le décline de plusieurs façons : ainsi, il peint les berges de la Seine en été, les vagues qui s'entrechoquent ou qui battent les falaises et les rochers, les eaux plus calmes qui s'étendent au loin, les canaux vénitiens, la Tamise par tous les temps et, bien sûr, les étangs de Giverny. Le plan miroitant de l'eau est une surface rêvée pour suggérer la perception immédiate de la lumière et de l'atmosphère environnante, en accord avec la plus grande ambition de la génération impressionniste : capturer le caractère éphémère et changeant de la nature. L'eau permet également de flouter et de déstructurer les apparences. Monet, qui l'a bien compris, utilise constamment cette propriété de l'élément liquide, évoluant, au cours de sa carrière, d'une touche détaillée et rapprochée à une touche beaucoup plus déliée.

IMPRESSION, SOLEIL LEVANT

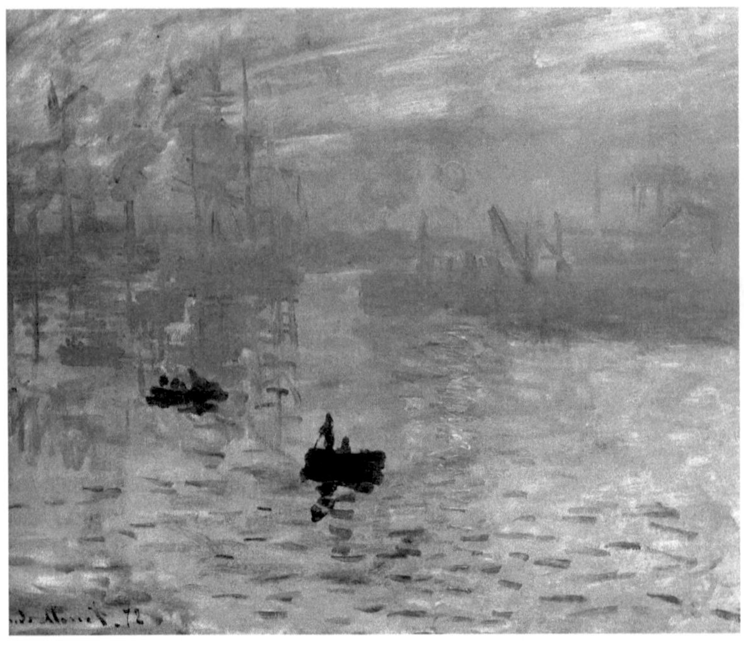

Impression, Soleil levant, 1872-1873, huile sur toile, 48 x 63 cm, Paris, musée Marmottan Monet.

Ce tableau est mondialement connu, non seulement en raison de sa qualité esthétique, mais aussi parce que c'est cette toile qui donne son nom à l'impressionnisme. Moquant ce désir de spontanéité qui s'oppose à la tradition académique, le terme est lancé par le critique d'art Louis Leroy de façon péjorative lorsqu'il évoque l'œuvre de Monet dans son compte-rendu de l'exposition de 1874 : « Que représente cette toile ? Voyez au livret. *Impression, Soleil levant*. Impression, j'en étais sûr ! Je me disais aussi, puisque je suis impressionné, il doit y avoir de l'impression là-dedans... » (*Le Charivari*, le 25 avril 1874) Le groupe d'artistes avant-gardistes décide pourtant de le garder.

La toile ne représente pas seulement un paysage au lever du soleil, mais traduit surtout les sensations ressenties par Monet face aux couleurs et à la lumière de la scène qu'il vit en direct, en plein air, à un moment donné. L'artiste, qui renonce aux règles classiques – perspective linéaire, contours dessinés, fini léché –, propose un panorama esquissé de l'atmosphère d'un port du Havre. Au premier plan, une barque de pêcheurs vogue sur l'eau, relayée par une seconde et une troisième, à peine distinctes mais qui créent néanmoins un effet de profondeur. On distingue au loin, dans la brume, les silhouettes des cheminées d'usines dont la fumée se confond avec le brouillard bleu de l'aube, des mâts des voiliers, des quais et des grues. Les couleurs froides (bleu, gris, vert, noir, mauve) dominent la palette chromatique, à l'exception du disque chaud et rougeoyant du soleil, de son reflet allongé dans l'eau et des nuages aux délicates tonalités de rose.

LA JAPONAISE

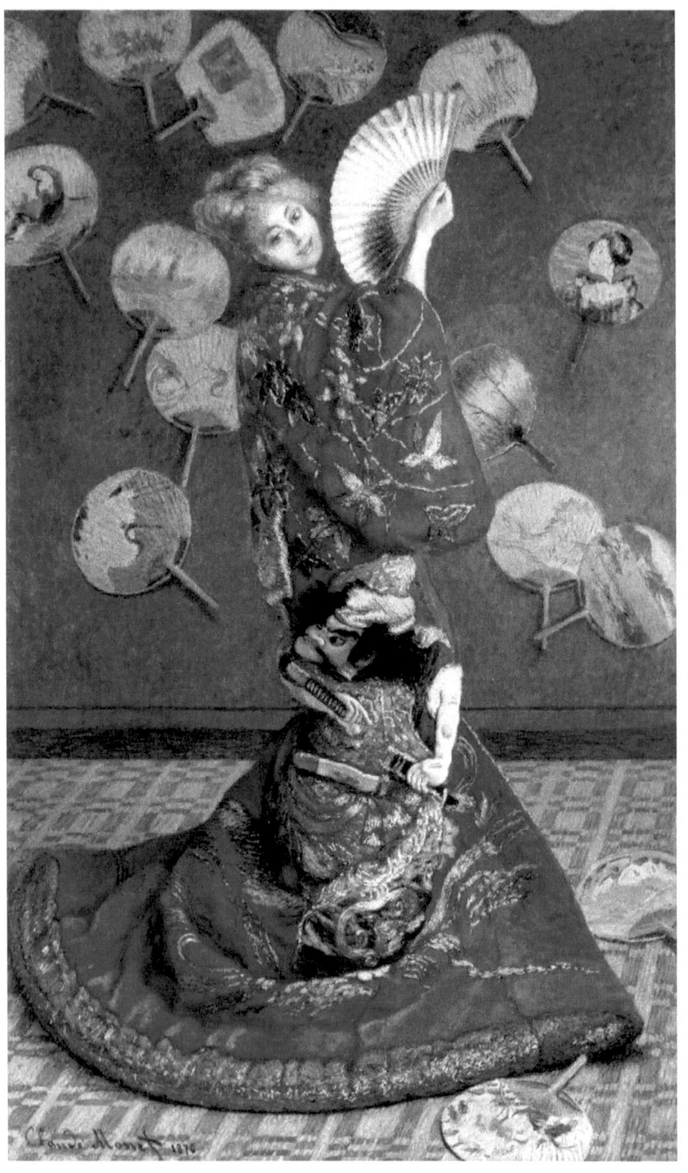

La Japonaise, 1876, huile sur toile, 231,8 x 142,3 cm, Boston, Museum of Fine Arts.

Ce qui séduit d'abord Monet dans l'art japonais, ce sont les accessoires japonisants. Il réalise ainsi le portrait en pied de sa première épouse, Camille, devant une soierie tendue ornée d'éventails. Elle est vêtue d'un magnifique kimono de soie rouge aux détails chatoyants et colorés et qui arbore un acteur kabuki. Lors de sa présentation à la deuxième exposition du groupe impressionniste en 1876, l'œuvre attire beaucoup l'attention, mais ne fait pas l'unanimité : elle crée même le scandale en raison de son érotisme sous-jacent, que Monet réfute, et de l'impression que l'acteur kabuki sort du corps de la jeune femme. De plus, l'attitude de Camille est un peu affectée, étudiée, feinte. Cela tient vraisemblablement aussi à l'influence de l'art japonais. *La Japonaise*, révélatrice de la nouvelle marotte parisienne pour tout ce qui est nippon, est l'une des seules œuvres vraiment exotiques de Monet.

LA GARE SAINT-LAZARE

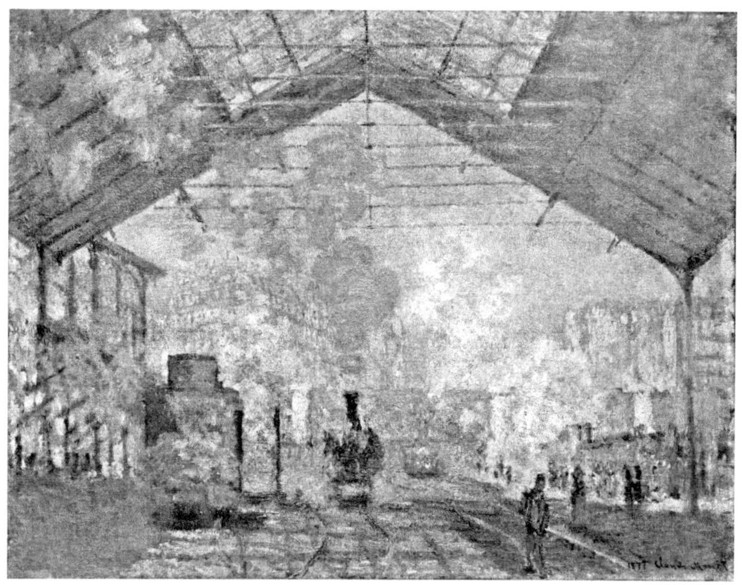

La Gare Saint-Lazare, 1877, huile sur toile, 74 x 104 cm, Paris, musée d'Orsay.

Au cours de l'année 1877, Monet réalise douze toiles représentant la gare Saint-Lazare de Paris, proche de son domicile. Il représente ici les progrès techniques de la Belle Époque, un thème très à la mode dans le milieu artistique. Si l'artiste a beaucoup peint la campagne et continue à la peindre jusqu'à la fin de sa vie, il souhaite, avec cette œuvre, s'attarder sur les changements urbains, plus particulièrement sur cette grande gare toute de verre et d'acier, la plus importante de la vie parisienne à l'époque.

Pourtant, plus encore que le fourmillement des voyageurs, l'architecture de la gare en elle-même ou les différentes locomotives et autres machines modernes, Monet cherche, ici encore, à rendre avant tout les effets de couleur et de lumière. Une gare ferroviaire étant un lieu où le changement et le mouvement sont constants, les vapeurs des trains, notamment, lui procurent des impressions tout à fait intéressantes. Comme dans d'autres de ses toiles, Monet accorde une grande place aux rayons du soleil qui filtrent par le toit de verre ainsi qu'au ciel, dont les couleurs et la texture se mêlent aux vapeurs des trains, fondant les éléments ensemble et offrant une apparence d'abstraction.

Obtenant une autorisation du directeur des chemins de fer en janvier 1877, Monet installe son chevalet aux quatre coins de la gare, à différentes heures de la journée et par tous les temps, faisant des douze toiles de la gare Saint-Lazare la première série de sa carrière. De ces douze tableaux, sept sont présentés à la troisième exposition impressionniste, en avril 1877.

GRANDES DÉCORATIONS

Les *Grandes Décorations* sont la dernière idée de Monet qui, suite au succès de l'exposition d'une quarantaine de ses *Nymphéas* dans la galerie de son ami Durand-Ruel en 1909, exprime son envie de créer une installation conçue afin d'offrir une sorte de repos méditatif. Il visualise son projet comme un panorama qui enveloppe le visiteur, afin que celui-ci ressente une impression de calme ou de mystère, des sentiments similaires à ceux que l'artiste a lui-même expérimentés et ressentis pendant des décennies au cœur de ses jardins et étangs de Giverny.

Les années 1910 sont difficiles dans la vie de Monet et il hésite à mettre en branle son ambitieux projet. Mais il est encouragé par son ami, l'écrivain Georges Clemenceau (1841-1929), qui est à l'origine de l'idée de faire don des *Grandes Décorations* à la France. Monet, qui commence les *Grandes Décorations* en 1914, offre donc ce testament artistique, la somme de toute son œuvre, à la nation française à la fin de la Grande Guerre. Ainsi qu'il l'écrit à Clemenceau le 12 novembre 1918 : « C'est peu de chose, mais c'est la seule manière que j'ai de prendre part à la victoire. » Ce don n'empêche pas le peintre de retoucher sans cesse les toiles, jusqu'à sa mort. Il ne les voit donc jamais exposées, mais les *Grandes Décorations* sont présentées selon ses directives au début de l'année 1927 à l'Orangerie des Tuileries, à Paris. L'infrastructure du bâtiment est modifiée afin de s'adapter à l'exposition du paysage monumental : le panorama, représentant un paysage d'eau ponctué de nymphéas et d'autres plantes d'eau, de reflets de nuages et de végétation, court le long des murs de deux grandes salles ovales, faisant voyager le spectateur d'est en ouest, en suivant la course du soleil, du matin au soir. Le motif des *Grandes Décorations* est l'eau miroitante dont l'apparence change à chaque moment grâce, notamment, au ciel qui s'y reflète et lui confère lumière et mouvement. En optant pour le format monumental, Monet magnifie encore davantage la nature. Il ne fait plus du tout appel à la figure humaine, embrassant encore un peu plus le concept d'abstraction.

CLAUDE MONET, UNE SOURCE D'INSPIRATION

De manière générale, on peut dire que les peintres impressionnistes s'inspirent mutuellement. Tous fréquentent les mêmes cercles, exposent en groupe au début du mouvement impressionniste, peignent parfois les mêmes sujets, les mêmes lieux, et ce de temps en temps côte à côte. L'accès à l'art se démocratise et les artistes sont au courant de la production artistique de leur temps grâce aux musées, bien sûr, mais également à la critique et aux reproductions d'œuvres dans la presse et les catalogues.

L'influence de l'impressionnisme et de l'œuvre de Monet est grande sur plusieurs mouvements picturaux français ultérieurs, modernes et d'avant-garde. Bon nombre d'entre eux peuvent être regroupés sous l'appellation plutôt vague de « postimpressionnisme » et voient le jour à la suite de la grande décennie de l'impressionnisme entre 1870 et 1880. Parmi eux, on trouve le pointillisme et le divisionnisme, respectivement représentés par Georges Seurat (1859-1891) et Paul Signac (1862-1935). Ceux-ci poussent encore plus loin le morcelle-ment de la touche de couleur – d'où leurs noms –, si bien que l'on parle de néo-impressionnisme. Tandis que Seurat peint par petits points, se concentrant sur la division de la touche, Signac crée ses formes en confrontant deux touches de couleur pure, se préoccu-pant davantage des contrastes de couleurs. Aussi de grands noms de l'histoire de l'art tels que Gauguin, Cézanne, Van Gogh ou Toulouse-Lautrec ont-ils connu une période impressionniste qui a marqué leur production ultérieure. Mais au-delà de l'influence qu'il a pu exercer sur certains artistes, l'impressionnisme, en rompant définitivement avec l'académisme, a surtout ouvert la voie à un état d'esprit réso-lument moderne.

Enfin, en Belgique, un mouvement pictural directement issu de l'impressionnisme prend son essor dès la fin du XIXe siècle : le luminisme belge. L'influence de l'œuvre de Monet y est primordiale : ces artistes belges cherchent eux aussi à rendre les effets de la lumière via une palette particulièrement claire et ensoleillée. Le luminisme se distingue pourtant de son grand frère français grâce à une caractéristique typiquement nationale : le réalisme. Les œuvres des luministes sont davantage structurées et dessinées, pour un rendu plus net. Si cela semble à première vue aller à l'encontre des principes impressionnistes, le résultat s'avère pourtant surprenant et d'une valeur esthétique remarquable.

Le luminisme se rencontre davantage en Flandre, notamment dans la région de Gand puisque Jean Delvin (1853-1922) enseigne les principes de ce mouvement à l'Académie royale des beaux-arts. Liège n'est pas en reste et l'influence du professeur Évariste Carpentier (1845-1922) sur ses élèves est tout aussi importante. On rencontre également le luminisme à Bruxelles, où une bonne partie des tenants du mouvement se rassemblent pour fonder, en 1904, l'association Vie et Lumière, dont la figure de proue est Émile Klaus (1849-1924). Des noms plus connus comme James Ensor (1860-1949) et William Degouve de Nuncques (1867-1935) font également partie de Vie et Lumière et créent, un temps, des œuvres luministes.

- Monet naît en 1840 à Paris, grandit au Havre et meurt en 1926 dans sa maison de Giverny, où il emménage en 1883. S'il voyage beaucoup – ce qui enrichit considérablement sa peinture de paysages –, c'est à Giverny qu'il se sent le plus inspiré : il y peint ses jardins et ses plans d'eau, ainsi que ses superbes nymphéas à n'importe quelle heure du jour.

- Il est profondément influencé par Boudin et Manet, ses deux maîtres à penser, mais aussi par les Britanniques Turner, Constable et Whistler, ainsi que par ses comparses Renoir, Sisley, Bazille et Pissarro. Il est également marqué par l'art japonais, dont il retient l'exotisme et la recherche de communion avec la nature, et qui l'incite à adopter des cadrages inédits et de nouveaux motifs iconographiques, notamment celui du pont.

- Chef de file de la peinture impressionniste, qui tire son nom de sa toile *Impression, Soleil levant* (1872-1873), Monet, qui travaille en plein air, entend avant tout peindre la lumière et ses plus infimes changements. De manière générale, les impressionnistes, rejetant la monotonie académique, revendiquent une nouvelle manière de peindre subjective, privilégiant les variations de lumière et de couleurs.

- Monet est célèbre pour ses séries, des suites de représentations consacrées à un motif unique (une meule, une cathédrale, des peupliers, des nymphéas, etc.). Il souhaite y montrer l'évolution de son sujet, bien plus que le sujet en lui-même, qui n'est en fait qu'un prétexte pour dépeindre les effets lumineux.

- L'influence de Monet – et de l'impressionnisme en général –, sur la peinture de son temps est importante : il donne naissance à plusieurs mouvements qualifiés de postimpressionnistes et inspire de grands noms de l'histoire de l'art tels que Cézanne ou

Van Gogh. Enfin, il connaît également une grande postérité en Belgique, avec le luminisme et sa palette ensoleillée, directement inspirés des toiles de Monet.

POUR ALLER PLUS LOIN

SOURCES BIBLIOGRAPHIQUES

- ALARCO (Paloma), DRAGUET (Michel), DUFRENE (Thierry) et TADDÉI (Jacques), *Monet et l'Abstraction*, catalogue d'exposition (Paris, musée Marmottan Monet, 17 juin-26 septembre 2010), Paris, Hazan, 2010.
- BÉNÉZIT (Emmanuel) (dir.), *Dictionnaire critique et documentaire des peintres, sculpteurs, dessinateurs et graveurs de tous les temps et de tous les pays par un groupe d'écrivains spécialistes français et étrangers*, volume 9, Paris, Gründ, 1999, p. 748-742.
- DE DECKER (Michel), *Claude Monet*, Paris, Pygmalion, 2009.
- FERRETTI BOCQUILLON (Marina), *L'Impressionnisme*, Paris, PUF, 2004.
- GEFFROY (Gustave), *Claude Monet, sa vie, son œuvre*, Paris, Macula, 1994.
- KLEIN (Jacques-Sylvain), *Lumières normandes, les hauts-lieux de l'impressionnisme*, Rouen, Point de vues, 2013.
- ROSSI BORTOLATTO (Luigina), *Tout l'œuvre peint de Monet : 1870-1898*, Paris, Flammarion, 1981.
- STRIETER (Terry W.), *Nineteenth-century European art: a topical Dictionary*, Westport, Greenwood Press, 1999.
- WILDENSTEIN (Daniel), *Monet ou le Triomphe de l'impressionnisme*, Cologne, Taschen, 1996.

SOURCES ICONOGRAPHIQUES

- MONET (Claude), *Femme à l'ombrelle tournée vers la gauche*, 1886, huile sur toile, 131 x 88 cm, Paris, musée d'Orsay. La photo reproduite est réputée libre de droits.

- MONET (Claude), *Impression, Soleil levant*, 1872-1873, huile sur toile, 48 x 63 cm, Paris, musée Marmottan Monet. La photo reproduite est réputée libre de droits.
- MONET (Claude), *La Gare Saint-Lazare*, 1877, huile sur toile, 74 x 104 cm, Paris, musée d'Orsay.
- MONET (Claude), *La Grenouillère*, 1869, huile sur toile, 74,6 x 99,7 cm, New York, The Metropolitan Museum of Art. La photo reproduite est réputée libre de droits.
- MONET (Claude), *La Japonaise*, 1876, huile sur toile, 231,8 x 142,3 cm, Boston, Museum of Fine Arts. La photo reproduite est réputée libre de droits.

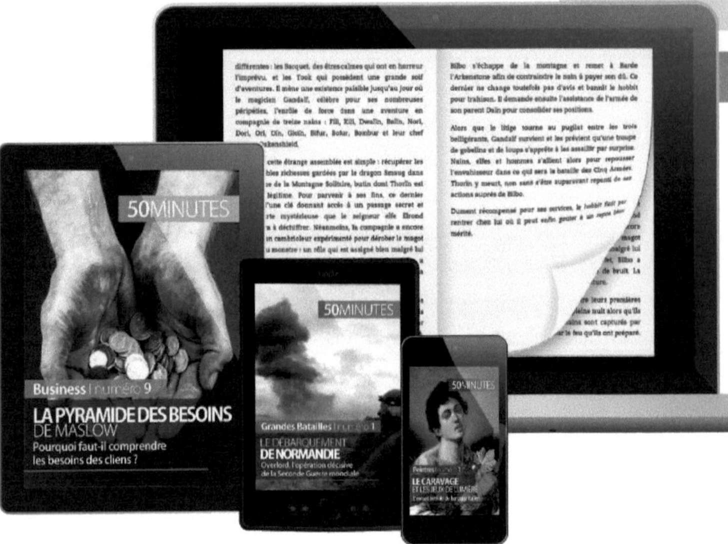

50MINUTES
Art
Business
Histoire

www.50minutes.com

Éditeur responsable : Lemaitre Publishing
Rue Lemaitre 4 | BE-5000 Namur
info@lemaitre-editions.com

ISBN ebook : 978-2-8062-5814-4
ISBN papier : 978-2-8062-5815-1
Dépôt légal : D/2014/12603-176
Photo de couverture : © *Femme à l'ombrelle tournée vers la gauche*, 1886, par Claude Monet.

Conception numérique : Primento,
le partenaire numérique des éditeurs